Julia Zotter

Reisetypische Stressoren von Backpackern

Julia Zotter

Reisetypische Stressoren von Backpackern

Strategien zur Bewältigung von Stressoren

Lehrbuchverlag

Imprint

Cover image: www.ingimage.com

Publisher:
Der Lehrbuchverlag
is a trademark of
Dodo Books Indian Ocean Ltd., member of the OmniScriptum S.R.L Publishing group
str. A.Russo 15, of. 61, Chisinau-2068, Republic of Moldova Europe
Printed at: see last page
ISBN: 978-3-8417-6012-8

Zusammenfassung

Die Globalisierung macht das heutige Reisen so leicht wie noch nie zuvor. Individualreisende bewegen sich hierbei gerne als Backpacker, oder auch Rucksacktouristen genannt, fort. Auf der Suche nach Abenteuern und neuen Erfahrungen sind sie jedoch auf sich alleine gestellt. Ungewissheiten sind dabei vorprogrammiert. Nach Methoden zu suchen, um diese als Stressoren wirkende Ungewissheiten zu neutralisieren, ist Ziel dieser Bachelorarbeit. Mittels Literaturrecherche wird daher folgende Forschungsfrage behandelt: Welche Methoden sind für Rucksacktouristen hilfreich, um deren reisetypischen Stressoren bestmöglich zu kompensieren?

Die Literaturrecherche hat ergeben, dass als Stressoren vor allem folgende Themen genannt werden: Gefahren, die die persönliche Sicherheit beeinflussen, der fragliche Zugang zu medizinischer Versorgung und Infektionskrankheiten. Somit ist eine ausreichende Vorbereitungszeit sinnvoll, um durch das Sammeln von Informationen vor der Reise etwaigen kritischen Situationen vorbeugen zu können. Das dadurch erlangte Wissen reduziert das Gefühl von Unsicherheit und steigert das Selbstvertrauen und die Gelassenheit. Dadurch kann das Risiko, unter Stress zu geraten, minimiert werden.

Abstract

Globalisation has made traveling easier than ever. People traveling on their own often travel as backpackers also referred to as rucksack tourists. On the look out for adventures and new experiences they often have to be self-reliant. Uncertainties are bound to occur. The goas of this dissertation is to look for ways to neutralise these uncertainties as they are often the cause of stress. The following question should be answered by researching the available literature: Which methods could be helpful for rucksack tourists in dealing with typical travel related stress?

The research showed that the following topics were found to cause travel related stress: dangers which affect personal safety, questionable access to medical care and infectious diseases. This shows that it is sensible to have enough preparation time to gather information in order to prevent critical situations. The knowledge acquired helps reduce uncertainties and can increase the travellers self-confidence and serenity. This can minimize the risk of becoming stressed.

Inhaltsverzeichnis

1 Einleitung 1
1.1 Forschungsproblemstellung 1
1.2 Forschungsziel der Arbeit und Limitation 2
1.3 Forschungsfrage, Unterfrage und Thesenbildung 2
1.3.1 Hauptfrage 2
1.3.2 Unterfrage 1 3
1.3.3 Unterfrage 2 3
1.3.4 Unterfrage 3 4
1.4 Methodenskizze (Methode der Literatursuche) 4
2 Hauptteil 5
2.1 Methode 5
2.2 Theorieteil 7
2.2.1 Begriffskapitel 7
2.2.1.1 Rucksacktourismus 7
2.2.1.2 Touristisches Reisen 10
2.2.1.3 Kulturen im Tourismus 11
2.2.1.4 Stressoren 12
2.2.2 Theoretische Grundlagen 13
2.2.2.1 Faktoren vor einer Reise 13
2.2.2.2 Faktoren in fremden Kulturen 22
2.2.2.3 Faktoren der Verkehrsmittel Bus, Zug, Flugzeug 25
2.3 Diskussion 30
3 Schluss 33
3.1 Beantwortung der Unterfragen und Forschungsfrage sowie Überprüfung der Thesen 33
3.2 Praktische Empfehlungen 36
3.3 Offene Forschungsfragen 37
3.4 Methodenkritik 38
4 Literaturverzeichnis 40

1 Einleitung

1.1 Forschungsproblemstellung

Backpacker, oder auch Rucksacktouristen genannt, bevorzugen laut Liebenberger (2009) individuelle Reisen vor den Pauschalreisen. Sie sind getrieben von der Suche nach Abenteuern und neuen Erfahrungen (Richards & Wilson, 2004, S.4). Hierbei können sie jedoch in Stresssituationen kommen, welche sich sowohl positiv durch Vorfreude als auch negativ, unter anderem durch Durchfall, auf den Körper auswirken können (Abensberg, 2020). Ebenso können Reisende, wie aus der Studie von Vilkman et. al. (2016) hervorgeht, gesundheitlichen Problemen, wie Hautproblemen, Erbrechen und Fieber ausgesetzt sein. Durch die Transferierung bestimmter Eigenschaften zwischen zwei unterschiedlichen Kulturen kann es auch durchaus zu einem sogenannten Kulturschock kommen. Symptome, welche hierdurch hervorgerufen werden können, sind unter anderem das Gefühl von Hilflosigkeit in Bezug auf die Bewältigung ~~mit~~ der neuen Umgebung und das Gefühl des Verlustes der Sicherheit (Peraica, 2017, S.330).

Durch die Möglichkeit, verschiedene Verkehrsmittel wie Bus, Zug und Flugzeug nutzen zu können, gibt es lange An- und Abreisezeiten (Le Bigot, 2016). Diese können ebenso als Stressoren auf den Körper einwirken, wie es aus der Studie von Zhang et al (2020) hervorgeht. Dennoch gehen Reisende diese Risiken ein.

Diesen negativen Faktoren kann jedoch mittels Vorbereitung auf eine Reise entgegengewirkt werden (Peraica, 2017, S. 332). Ziel dieser Arbeit ist es herauszufinden, welche Methoden sich als erfolgreich erweisen, um den negativen Stress, dem individuell reisende Rucksacktouristen ausgesetzt sind, abzufedern zu können im Hinblick auf den größtmöglichen Genuss der Reise.

1.2 Forschungsziel der Arbeit und Limitation

Ziel dieser Bachelorarbeit ist es, Faktoren, welche bei Rucksacktouristen als Stressoren wirken können, aufzuzeigen. Eine Gegenüberstellung der unterschiedlichen Reisemittel und eine Aufzählung von Themen, mit welchen sich ein Rucksacktourist vor seiner Reise auseinandersetzen soll, repräsentieren die Ergebnisse der Literaturrecherche.

Literatur, welche sich auf Pauschalreisen spezialisiert, wir ausgegrenzt. Personengruppen, welche eine solche Reiseform wählen, fallen demnach nicht in die Kategorie der Rucksacktouristen. Ebenso wird das Thema „Reisen mit Kindern" exkludiert. Personen, welche mit Kindern unterwegs sind, sind laut Meinung der Autorin zusätzlichen Stressoren ausgesetzt, welche in dieser Bachelorarbeit nicht behandelt werden. Weiters ist zu erwähnen, dass alle verallgemeinerten Aussagen sich auf Entwicklungen bis Jänner 2020 beziehen, da ab diesem Zeitpunkt die COVID -19 Pandemie Einzug genommen hat.

1.3 Forschungsfrage, Unterfrage und Thesenbildung

Um das Kernthema dieser Bachelorarbeit zu erarbeiten, ergeben sich eine Hauptfrage und drei Unterfragen. Dazu wird im Folgenden jeweils eine Hypothese angeführt, welche mittels Literaturrecherche bearbeitet wird.

1.3.1 Hauptfrage

Welche Methoden sind für Rucksacktouristen hilfreich, um deren reisetypischen Stressoren bestmöglich zu kompensieren?

<u>Hauptthese:</u> Adäquate Vorinformationen und ausreichende Vorbereitung reduzieren reisetypische Stressoren und geben das Gefühl von Sicherheit.

Begründung dieser These: Sicherheit hat mit dem subjektiven Empfinden der einzelnen Reisenden zu tun. Eine Vorbereitung minimiert laut Eldracher (2021) Risiken, welchen man auf Reisen ausgesetzt sein kann.

1.3.2 Unterfrage 1

Welchen typischen Stressoren sind Rucksacktouristen vor Beginn einer Reise ausgesetzt?

<u>These 1</u>: Eine inadäquate Vorbereitung wirkt als Stressoren auf Rucksacktouristen.

Begründet wird diese Annahme dadurch, dass eine ausreichende Vorlaufzeit vor einer Reise die Möglichkeit bietet, sich ausreichende Informationen über ein Reiseland zu beschaffen. Mögliche Bedenken können dadurch vorab aus dem Weg geräumt werden.

1.3.3 Unterfrage 2

Welchen typischen Stressoren sind Rucksacktouristen in einem ihrer Kultur fremden Land ausgesetzt?

<u>These 2</u>: Die Konfrontation und somit das Erfahren einer anderen Kultur wirkt als Stressor auf einen Rucksacktouristen.

Grund dieser Annahme ist, dass die Konfrontation mit dem „Fremden“ (u.a. unbekannte Speisen, neuartige Gerüche) zu Reaktionen im Körper führt. Wenn sich Rucksacktouristen jedoch rechtzeitig mit einer ihnen fremden Kultur auseinandersetzen und Vorinformationen einholen, dann können unangenehme Reaktionen (u.a. auch Kulturschock) und negative Aha- Erlebnisse vermieden werden.

1.3.4 Unterfrage 3

Welche Vorteile ergeben sich bei einer Reise mit den unterschiedlichen Verkehrsmitteln Bus, Zug und Flugzeug für einen Rucksacktouristen in Bezug auf Stress?

These 3: Wenn sich Rucksacktouristen entscheiden, eine Reise mittels Bus und Zug durchzuführen, dann kommen sie mit Land und Leuten in Berührung.

Begründet wird diese These dadurch, dass Rucksacktouristen als selbstständig Reisende sich ihre Fortbewegungsart selbst aussuchen. Die Intention von Rucksacktouristen, Land und Leute kennen zu lernen, ist mittels Nutzung der öffentlichen Verkehrsmittel leichter. Vor allem hat man dabei die Möglichkeit, Leute vor Ort anzusprechen.

1.4 Methodenskizze (Methode der Literatursuche)

Eine Literaturrecherche wird die Beantwortung der Haupt- und Unterfragen zutage führen. Die Ergebnisse werden im theoretischen Teil eingebaut. Im folgenden Hauptteil dieser Bachelorarbeit wird auf den genauen Verlauf der Vorgehensweise der Recherche detailliert eingegangen.

2 Hauptteil

2.1 Methode

Literaturrecherche und Keywords

Um den Wissenstand in Bezug auf die Haupt- und Unterfragen darzustellen, wird eine umfassende Literaturrecherche durchgeführt. Um sich mit dem Thema vertraut zu machen, erfolgt im ersten Schritt eine selektive Internetrecherche. Dabei wird mit Hilfe von den Begriffen „Rucksacktourismus", „Reisen", „Psyche", und „Verkehrsmittel" nach reisespezifischen Websites gesucht und eine Mind-Map erstellt (Berger-Grabner, 2016, S.36), um gleichsam eine Art „Landkarte" des Forschungsfeldes zu entwickeln. Hinzugezogen werden auch Blogartikel sowie Statistikportale wie Statistik Austria und Statista.com, um die Aktualität und Relevanz des Themas miteinzubeziehen.

Darauffolgend kommt die Recherchephase (Kleibel & Mayer, 2005, S.21). Eine strukturierte Literaturrecherche im Online Katalog der Bibliothek der FH JOANNEUM, dem österreichischen Bibliotheken-Verbund und dem Verzeichnis der österreichischen Hochschulschriften, der KFU Graz, online Suchmaschinen über Datenbanken wie PubMed, ScienceDirect sowie Emerald Insight, , wird mit folgenden Suchbegriffen auf Deutsch und Englisch durchgeführt:

DEUTSCH	ENGLISCH
Rucksacktourismus	backpacking
Reisen	travel
Urlaub	holiday
Verkehrsmittel	public transport
Stressoren	stress factors
Entscheidung	decision

Kulturschock	culture schock
Psyche	psyche

Kombinationen wie „Rucksacktourismus UND Verkehrsmittel; Urlaub UND Psyche; Reisen UND Kulturschock" werden abgearbeitet. Die Recherche ist ausgelegt auf Monographien und Sammelbände in Print- und elektronischen Ausgaben. Ein besonderes Augenmerk wird dabei auf Nachschlagewerke, die sich mit den Themen des Forschungsbereichs auseinandersetzen, gelegt. Beispiele hierfür sind „The SAGE International Encyclopedia of Travel and Tourism", „The SAGE Handbook of Tourism Studies" und „Trends and Issues in Global Tourism". Der Suchprozess wird anhand eines Suchprotokolls, in welchem gespeicherte Quellen im ersten Durchlauf grob überflogen werden, und nach Themenschwerpunkten wie „Rucksacktourismus" „Verkehrsmittel" und „Psyche", gegliedert und dokumentiert. Die online Suche beschränkt sich auf deutsch- und englischsprachige Literatur, welche Fachbücher, Studien, Artikel und Magazine sowie Reiseblogs beinhaltet. Veröffentlichte Studien, sowie Journal Artikel, Expertengutachten und auch Meta-Analysen werden ebenso mit einbezogen.

<u>Qualitätsfaktoren und Relevanz</u>

Vor Verwendung der Literatur wird diese auf die Relevanz für das Thema, Qualität und Aktualität überprüft. Es wird möglichst aktuelle Literatur verwendet. Dabei wird darauf geachtet, dass diese ab 2005, also innerhalb der letzten 15 Jahre, publiziert wurde. Bei allgemeinen Definitionen und Informationen rund um das Thema Reisen und Psyche wird der zeitliche Filter angehoben. Dies kann vor allem Beiträge, bei welchen keine aktuelleren Forschungen gefunden wurde, betreffen. Die Überprüfung der Relevanz erfolgt durch Kontrolle des Abstracts auf mögliche Keywords (Karmasin & Ribing, 2017, S.106). Bei Journals wird ebenso auf eine klare Textstruktur und eine eindeutige Fragestellung geachtet. Soweit diese zur Verfügung stehen, wird bei Monografien und Sammelbändern stets die neueste Auflage verwendet. Es wird auch evaluiert, ob jeweilige weitere Publikationen in dem Themenfeld existieren. Der Inhalt, das Inhaltsverzeichnis und die Zusammenfassung werden überblicksmäßig betrachtet und beurteilt, um über die Relevanz entscheiden zu können. Quellen, bei welchen eine Nachvollziehbarkeit des Verfassers nicht möglich ist, werden exkludiert. Da der Quellenmanager von Microsoft Word verwendet wird, wird auf ein Literaturverwaltungsprogramm wie Citavi oder Zotero verzichtet. Die Bachelorarbeit wird in deutscher Sprache verfasst. Die relevanten Publikationen sind jedoch auf Englisch, daher ist die verwendete Literatur mehrheitlich auf Englisch.

2.2 Theorieteil

2.2.1 Begriffskapitel

Folgend werden Begriffe erläutert, welche einen Zusammenhang mit der Themenauseinandersetzung von „Reisen als Rucksacktourist" beinhaltet.

2.2.1.1 Rucksacktourismus

Rucksacktourismus ist eine Hauptform des preiswerten, unabhängigen Reisens. In früheren Jahrzehnten bildlich als das Reisen „mit dem Rucksack" zu verstehen, kann es heute mit beliebigem transportfähigem Gepäck verstanden werden, unter Berufung auf selbst gelenkte Routen und Zeiteinteilung (Kelly, 2017, S.113) Diese „individuelle, andere, neue, alternative, sanfte, einsichtige" Reiseform kann laut Freyer (2006, S. 518) auch als Alternativ Tourismus verstanden werden. Die Unabhängigkeit der Entscheidungsfindung, die oft längere und weitere Distanzen beinhaltend, der Gebrauch von öffentlichen Verkehrsmitteln sowie wenig Budget, welches eine Übernachtung oft in kostengünstigen Unterkünften, wie etwa Youth

Hostels oder „Backpackers[1]" beinhaltet, und auch der Wunsch, andere Reisende und Einheimische zu treffen, sind maßgebliche Charakteristiken des Rucksacktourismus (Kelly, 2017, S.113). Durchgeführt werden Reisen als Rucksack- bzw. Alternativ Tourist meist allein oder in Kleingruppen (Freyer, 2006, S.519). Als Hauptcharakteristika sind der Wunsch der Selbstidentifizierung und die Ablehnung einer standardisierten oder institutionellen Form von Tourismus und Reisen zu sehen (Kelly, 2017, S.113).

Freyer (2006, S.519) schreibt, dass sich Alternativ Touristen als überdurchschnittlich an Land und Leuten interessieren sehen. Er unterteilt diese in folgende „Gruppen":

- Globetrotter (um sein Weltbild zu relativieren lässt er große Entfernungen, sowie Länder und Kulturen auf sich wirken)
- Abhauer (entflieht der Frustration des Alltags zu Hause)
- Polit Tourist (ist ausgerüstet mit Vorinformationen und Fragestellungen, Kontakt zu Landsleuten suchend)
- andere (ein wichtiges Reiseelement derer ist der Kampf mit der eigenen Psyche)
- usw.

In welcher Form man sich als Rucksacktourist eingliedert, obliegt vollkommen dem eigenen Ermessen. Aus Sicht der Autorin besteht auch die Möglichkeit, sich zwischen zwei Formen wiederzufinden. Die Unterteilung der Kategorie „andere" von Freyer ist nicht präzise dargestellt. Es geht nicht klar hervor, ob er hierbei Pilger meint, Personen, die sich einer Angst oder ähnlichem stellen, oder doch andere, weitere Personengruppen. Er beachtet in seinen Definitionen der Alternativtouristen auch nicht die Länge der Reise. Da die verwendete Ausgabe aus dem Jahr 2006 stammt, besteht durchaus auch die Möglichkeit, dass sich in der Zwischenzeit weitere Unterteilungen entwickelt haben. Eine weitere Unterteilung könnte durchaus auch

---

[1]Backpacker: kommt aus dem Englischen, bedeutet der Rucksacktourist (Dudenredaktion, 2020, S. 243)

die sogenannten Influencer sein, solche, die ihren Lebensunterhalt mittels sozialer Medien verdienen und aufgrund von dieser Art von Finanzierungen um die Welt reisen. Dem Paper von Uriely N. (2009) zufolge wurde die Motivation und die Bedeutung von Rucksacktouristen anhand von Cohens Typologie analysiert. Diese Analyse zeigt jedoch, dass es Zweifelhaft ist, dass die implizite Neigung, dass Touristen, die auf dieselbe Weise reisen, auch dieselbe Motivation und Bedeutung teilen. Die Analyse zeigt jedoch Zweifel daran, dass dieselbe Art des Reisens dieselbe Motivation und Bedeutung für die Touristen selbst impliziert.

Der Ursprung des Rucksacktourismus ist umstritten, jedoch bezieht er sich wohl auf die „Hippie Trails" der 1960er und 1970er Jahre, welche als Hauptaspekt der Evolution der Moderne und des unabhängigen Reisens gesehen werden können. Hierbei ging es darum, neue Plätze zu entdecken, sowie das Kennenlernen der „anderen" und auch von sich selbst. Traditionelle Ziele der aufkommenden Backpacker-Märkte waren - und sind nach wie vor - China, Süd-Ost Asien und Südamerika (Kelly, 2017, S.113). Laut Kelly (2017, S. 114) ist der Großteil der Rucksacktouristen im Jahr 2017 unter 35 Jahre alt und reist mit Freunden oder als Paar.

Klassifiziert man einen Rucksacktouristen, so identifizierte die Autorin dieser Bachelorarbeit ihn nach Cohens „Model of Typologies of Tourists" als „Noninstitutionalized Tourist". Zur Klassifikation von Rucksacktouristen zieht die Autorin dieser Bachelorarbeit den „Noninstitutionalized Tourist" aus Cohens „Model of Typologies of Tourists" heran. Diese Kategorie wird wiederum in zwei Unterkategorien geteilt. Als „Explorer" werden Reisende bezeichnet, welche bewusst individuell fernab der touristischen Industrie und dessen Elementen unterwegs sind, jedoch Mindestansprüche an Komfort setzen und auf Routinen und Bekanntes (z.B. Essen) hoffen. Dieser Reisende verfügt ebenso über einen fixen Zeit- und Routenplan (Spreitzhofer, 2008, S. 143-144). Die zweite Unterkategorie wird als „Drifter" bezeichnet. Diese Personen sehen sich selbst nicht als konventionelle Touristen. Sie haben eine Aversion gegen konventionelle touristische Plätze, die Infrastruktur und

Vorbereitungen. Sie meiden Touristengruppen und suchen die Aufregung von kompletter Fremdheit und direktem Kontakt mit neuen und anderen Personen. Sie besitzen keine fixen Reiserouten und suchen ihre Destinationen, Unterkünfte und Transportationsmöglichkeiten sehr spontan aus. Ihnen wird zugeschrieben, dass sie günstig reisen und sich im Fall, dass ihnen während der Reise das Geld ausgeht, einen Job im Reiseland suchen, um sich selbst finanzieren zu können (Prince, 2017, S.281).

Aufgrund der Modernisierung ist ein Trend weg vom ursprünglichen „Backpacking",welcher als fernab von Vertrautem zu verstehen war, hin zu einem häufigen Gebrauch von Technologie und der Kommunikation nach Hause zu vernehmen. Online Plattformen werden sowohl vor als auch während des Reisens stark genutzt, um mit anderen Backpackern zu kommunizieren und sich auszutauschen und fungieren somit als moderner Ratgeber (u.a. TripAdvisor) (Kelly, 2017, S.114). Inwiefern diese modernen Ratgeber und Technologien das Reiseempfinden beeinflussen, lässt sich nicht ableiten. Diese Modernisierung beeinflusst jedoch das Reiseverhalten, wenngleich die Motivation, eine Reise anzutreten, meist die gleiche bleibt. Somit kann festgehalten werden, dass sich der Rucksacktourismus von heute im Vergleich zu damals modernisiert hat. Auch wenn sich Rucksacktouristen als Alternativ Touristen mit Land und Leuten auseinandersetzten, begehen sie dennoch eine touristische Reise, wie im Folgenden genauer erläutert wird.

2.2.1.2 Touristisches Reisen

Die Autorin dieser Bachelorarbeit teilt Rucksacktouristen lt. Freyer (2006, S. 3) in den Bereich des Urlaubs- und Erholungstourismus ein. Eine touristische Reise unterscheidet sich demnach von anderen Formen der Ortsveränderung hinsichtlich des Reisezieles, der Dauer sowie der Motivation des Reisenden. Das Reiseziel kann hierbei im In- oder Ausland (auch Transkontinent) sein; die Dauer umfasst mindestens vier Übernachtungen und dient der Erholung und dem Urlaub.

Urlaubsreisen dienen dem freiwilligen Vergnügen und dem Lustgewinn, sind Teil der privaten Freizeitgestaltung und des privaten Konsums (Freyer, 2006, S.88).

Während Rucksacktouristen, wie schon im vorherigen Begriffskapitel festgestellt, sich als „Noninstitutionalized Tourists" meist ihre Reise selbst zusammenstellen, steht diese jedoch stets mit einem Ortswechsel in Verbindung, der eine Dauer von mindestens vier Übernachtungen überschreitet, und kann somit als touristische Reise identifiziert werden.

Die Einteilung laut Freyer scheint plausibel begründet. Ebenso bietet das von Walter Freyer erstellte Lehrbuch eine umfassende Darstellung der Grundlagen und Hintergründe des Tourismus und gilt als Lehrbuchklassiker im Bereich Tourismus (Freyer, 2015).

2.2.1.3 Kulturen im Tourismus

Aufgrund von zunehmendem Tourismus steigt auch die Nachfrage nach kulturellen Veranstaltungen von Seiten der Touristen. Dies hat zur Folge, dass u.a. traditionelle Tänze und Musik der Unterhaltung dienen und der touristische Geschmack Inhalt, Dauer und auch Ort der Darbietung bestimmt. Somit geht der ursprüngliche Sinngehalt verloren und die Kultur wird zunehmend kommerzialisiert. Traditionelle Kleidung und Feste der Einheimischen werden angepasst und somit ändert sich die traditionelle Wertvorstellung der Bewohnerinnen und Bewohner. Auch Kunsthandwerkt für Souvenirmärkte wird massenhaft produziert, was einen Verlust der traditionellen künstlerischen Werte zur Folge hat. Als positiv durch den Tourismus anzusehen ist, dass religiöse und profane Bauwerke sowie archäologische Stätten und Nationalparks sowie Museen bewahrt werden (Freyer, 2006, S.485-487).

Reisende bekommen die Möglichkeit, neue Kulturen erfahren zu dürfen. Für sie neue Gebäude, neue Gerüche, neue Lebensmittel oder Umgangsformen etc. können zu neuen Erkenntnissen führen, welche sie prägen können. Fremde Kulturen können jedoch als Stressoren auch Gefühle von Überforderung hervorrufen, da man besonders als Rucksacktourist, fernab von einem „geschützten Umfeld“ (z.B. in einem Luxusresort), in direkten Kontakt mit den Personen vor Ort kommt. Im folgenden Teil werden Stressoren genauer erläutert.

2.2.1.4 Stressoren

Unter Stressoren sind unspezifische Reize zu verstehen, die eine Stressreaktion auslösen können (Pschyrembel, 2013, S.2044) Diese Stressoren können sowohl externe als auch interne Faktoren sein, die eine Störung des gesundheitlichen Gleichgewichts herbeiführen (Menche, 2011, S. 197). Auslöser können unter anderem zum Beispiel Krankheiten, Umwelteinflüsse oder emotionale Belastungen sein. Eine Stressreaktion kann physische (vermehre Ausschüttung von Stresshormonen), kognitive (gesteigerte Aufmerksamkeit) und emotionale Veränderungen (Ermüdung, Angst) hervorrufen (Pschyrembel, 2013, S.2044-2045). Unterschieden wird zwischen Eustress, welcher auch als „guter“ Stress bezeichnet wird. Dieser tritt auf, wenn z.B. Herausforderungen erfolgreich bewältigt wurden. Er wirkt beflügelt und hat langfristig positive Auswirkungen. Dem gegenüber gestellt ist der Distress. Dieser ist schädlich, überfordernd und gilt als „krankmachender“ Stress (Menche, 2011, S.201). Distress liegt dann vor, wenn Bewältigungsstrategien nicht ausreichen, um Herausforderungen meistern zu können (Adensberger, 2020). Reisetypische Stressoren sind u.a.: „Kulturschock“, Klima (Hitze, Smog, Tropen), Zeitverschiebung (Jetlag[2]), Reizüberflutung (Menschenansammlungen, Enge), Isolation, Sprach- und Kommunikationshindernisse sowie Gefahrensituationen und Gewalterfahrung (Laux, o.J.).

---

[2] Unter Jetlag-Syndrom ist eine Störung des physiologischen Rhythmus zu verstehen, auftretend nach raschem Zeitzonenwechsel. Symptome können Schlafstörungen, Tagesmüdigkeit, Konzentrationsstörungen und eine Veränderung der gastrointestinalen Funktionen sein. Es ist zeitlich befristet und kann mittels Tageslichtexposition und Schlafmittel behandelt werden (Pschyrembel, 2013, S.1055).

Daraus ergibts sich, dass es eine Vielzahl an Stressoren gibt, denen man als Rucksacktourist ausgesetzt ist. Wenn man sich im Vorhinein schon der Stressoren bewusst ist, kann man eine Reiseroute so wählen, dass man beispielsweise Hauptreisezeiten meidet um Menschenmassen entgehen zu können; sich langsam von einem Land ins nächste „vorarbeitet", um die Zeitdifferenz möglichst zu minimieren; oder auch Länder meidet, in welchen Reisewarnungen ausgesprochen sind. Auf das Thema Reisewarnungen wird i Punkt 2.2.2.1 Faktoren vor einer Reise noch näher eingegangen.

Da es sich bei den verwendeten Quellen um aktuelle Quellen und wie im Fall von Menche um ein Nachschlagewerk für medizinisches Fachpersonal handelt, ist diese Begriffserklärung plausibel.

Nach der Erläuterung der relevanten Begriffe (Rucksacktourismus, Touristisches Reisen, Kulturen im Tourismus und Stressoren), wird nunmehr zu den theoretischen Grundlagen übergegangen.

2.2.2 Theoretische Grundlagen

Um die Unterfragen sowie die Hauptfrage beantworten zu können, wird im nachfolgenden Teil ein Hauptaugenmerk auf typische Stressoren vor Beginn einer Reise als Rucksacktourist gelegt. Ebenso werden Stressoren, die durch fremde Kulturen entstehen (Stichwort Kulturschock), erläutert. Beendet wird dieser Teil mit einer Gegenüberstellung der Verkehrsmittel Bus, Zug und Flugzeug und wie deren Nutzung auf einen Rucksacktouristen als Stressoren wirken können.

2.2.2.1 Faktoren vor einer Reise

Um möglichen Stressbelastungen entgegen wirken zu können, sollte vor allem bei Fernreisen ein reisevorbereitender Zeitraum und Übergang eingeplant werden (Laux, o.J.). Eine Studie, die die Hierarchie selbsterklärter Risikoprioritäten für Reisegesundheit unter Reisenden umfasst, ist die Studien von Flaherty, Chen &

Avalos (2017). Hierbei wurden 148 Teilnehmende nach ihren priorisierten Hauptrisiken zum Thema Reisegesundheit bezüglich ihrer bevorstehenden Reise befragt. Da es sich bei dieser Studie um individuell reisende Personen handelt, wird diese im Folgenden erläutert:

Im Durchschnitt waren die Reisenden drei bis fünf (52%) Wochen unterwegs. 53% von ihnen waren jünger als 30 Jahre alt. Für 89% der Reisenden handelte es sich um eine Freizeitreise. Die häufigsten ausgewählten und priorisierten Themen im Bereich der Reisegesundheit waren seitens der Reisenden in absteigender Reihenfolge: Zugang zu medizinischer Versorgung im Ausland (58,8%, wobei Frauen häufiger besorgt waren als Männer), persönliche Sicherheit (58,8%), Insektenstiche (56,1%), Malariainfektion (52,7%), Reisesicherheitsbedrohungen (48%), Reisedurchfall (35,8%), Sterben im Ausland (26,4%), Tollwutinfektionen (24,3%), Naturkatastrophen (23,6%). An niedrigsten gerankt wurden Themen wie: Jetlag (6,1%), sexuell übertragbare Infektionen (8,1%), Kulturschock (9,5%) sowie Höhenkrankheit (9,5%) und Flugangst (9,5%). Aus der Studie geht ebenso hervor, dass es für Reisende sinnvoll ist, vor Antritt einer Reise einen Reisegesundheitsberater aufzusuchen (Flaherty, Chen & Avalos, 2017, S.1-4).

Resultierend aus der Studie von Flaherty, Chen & Avalos (2017), werden im nachfolgenden Teil Faktoren, die man als Rucksacktourist vor Beginn einer Reise beachten soll, erläutert:

<u>Gefahren</u>

Leben bedeutet, Risiken ausgesetzt zu sein. Auch wenn der Wunsch nach absoluter Sicherheit besteht, gibt es diese nicht. Es ist das Beste darauf zu hoffen, dass das Risiko eines negativen Vorfalls, sei es ein Verbrechen oder ein terroristischer Anschlag, gering ist. Da das Risiko allgegenwärtig ist, ist es wichtig zu wissen, wo Konfliktpotenzial besteht (Tarlow, 2009, S. 477). Die Herausforderung besteht dann nicht darin, Reisen risikofrei zu machen, sondern diese Risiken auf ein vernünftiges

Level zu reduzieren, damit eine umsichtige Person das Risiko für vertretbar hält (Tarlow, 2017, S.1059).

Diese Risiken und das Konfliktpotential in Reiseländern wird seitens der Behörenden regelmäßig abgeklärt und eingeschätzt und ist auf den jeweiligen Internetseiten der Ministerien nachzulesen.

Als Rucksacktourist soll man sich aber nicht nur auf die Empfehlungen und Daten der Ministerien verlassen, sondern aus Sicht der Autorin auch die eigene Einschätzung und Gefühlslage in die Entscheidung miteinbeziehen. Das subjektive Empfinden spielt schließlich auch im Reiseland in Bezug auf das Sicherheitsgefühl eine wichtige Rolle.

Reisewarnungen

Reiseinformationen, welche als Warnungen und Hinweise seitens der Behörde gegeben werden, um Touristen vor Risiken zu bewahren und deren Sicherheit zu gewährleisten, werden als offizielle Reisewarnungen ausgestellt. Informationen über Situationen, welche die Sicherheit und das Wohlbefinden der Reisenden beeinflussen können, werden von vielen Regierungen über ihre Webseiten[3] gegeben. Diese Reise-Warnhinweise und -stufen schließen Naturkatastrophen, terroristische Bedrohungen und zivile Unruhen mit ein. Zusätzlich werden Themenbereiche wie Kriminalität, Krankheiten und andere gesundheitsbezogene Faktoren behandelt (Bergquist, 2017, S.1297). Eine Reiseregistrierung bei der jeweiligen Botschaft ist sinnvoll, um im Notfall von Seiten der Botschaft erreichbar zu sein (Bundesministerium Europäische und internationale Angelegenheiten, 2021).

Reisewarnungen sind vor allem für individuell reisende Rucksacktouristen sinnvoll, da sich diese der Risiken, welche sich ihnen in einem ihnen unbekannten Land

[3] Aus österreichischer Sicht können diese Reisewarnungen über die Webseite des Bundesministeriums für Europäische und internationale Angelegenheiten unter https://www.bmeia.gv.at/reise-aufenthalt/reiseinformation/ abgerufen werden.

darstellen, nicht unbedingt bewusst sind . Die Überprüfung der Webseiten können somit wichtige Hinweise geben. Vorwissen hilft somit, um später möglichen Stressoren entgehen zu können. Jedoch soll auch nicht außer Acht gelassen werden, dass Gefahrensituationen im Reiseland regional sehr unterschiedlich ausgeprägt sein können, obwohl die Reisewarnung für das ganze Land ausgesprochen wird. Wenn beispielsweise eine Warnung bezüglich Naturkatastrophen (Vulkanausbruch, Erdbeben oder Überschwemmungen) für Russland herausgegeben wird, kann es durchaus sein, dass man aufgrund der Größe dieses Landes während der Reise nicht in die betroffene Region kommt.

Krankheiten, medizinische Versorgung

Der Studie von Vilkman et al. zufolge, welche 2016 publiziert wurde, hatten aus einer Studienpopulation bestehend aus 460 Probanden 79% während oder bei der Rückkehr einer Reise eine Krankheit zu verzeichnen. 69% davon hatten Reisedurchfall (TD), 17% Hautprobleme, 17% Fieber, 12% Erbrechen, 8% Atemwegsinfektion, 4% Harnwegsinfektion, 2% Ohrinfektion, 4% andere Magen-Darm-Beschwerden als Reisedurchfall (TD) oder Erbrechen und 4% andere Symptome. Faktoren, die diese Gesundheitsprobleme begünstigen, waren: bestimmte Regionen (Südasien, Südostasien und Ostafrika), weibliches Geschlecht, junges Alter und lange Reisedauer. Die mittlere Reisedauer betrug 23 Tage (für junge Erwachsene) und 15 Tage für andere. Junge Erwachsene und Kinder wohnten am häufigsten in Gästehäusern, während die anderen Hotelunterkünfte bevorzugten.

Ein zentrales Ergebnis der Studie ist die Feststellung der hohen Morbiditätsrate. Trotz effizienter prophylaktischer Maßnahmen vor Reiseantritt (durch Impfungen, Malariaprophylaxe und Reisehinweise) erwies sich die Anzahl der Gesundheitsprobleme als auffällig: 76% der Probanden gaben an, im Ausland krank gewesen zu sein, und 25% hatten innerhalb von zwei Tagen nach ihrer Rückkehr noch anhaltende Symptome oder neue Beschwerden zu Hause. Da die Symptome meist mild blieben, wurden selten Gesundheitsdienste benötigt.

Aus dieser Studie ist zu erkennen, dass der Aspekt Krankheit nicht nur vor einer Reise schon als Stressor zu sehen ist, sondern auch während einer Reise. Die hohe Zahl der Probanden und die hohe Anzahl an Erkrankten lässt schlussfolgern, dass es sich als sinnvoll erweist, schon vorab an eine ausreichend ausgestattete Reiseapotheke zu denken, um symptombezogen Krankheiten behandeln zu können.

Bezugnehmend auf die Studie von Flaherty, Chen & Avalos (2017), in welcher 58,8% der Reisenden den Zugang zu medizinischer Versorgung im Ausland als wichtigen Aspekt ansehen, kann im Bedarfsfall die jeweilige Botschaft weiterhelfen. Vor allem bei medizinischen Notfällen oder bei Verlust der Reisedokumente ist es ratsam, die Botschaft zu kontaktieren (Bundesministerium für Soziales, Gesundheit, Pflege und Konsumentenschutz, 2021b). Wenn man den Zugang zur medizinischen Versorgung vor Ort als sehr wichtig erachtet, ist es sinnvoll, sich vorab über das Gesundheitssystem und dessen Einrichtungen zu informieren, denn dies wirkt stressreduzierend. Zusätzlich ist zu erwähnen, dass das Einhalten von grundlegende Hygienemaßnahmen, betreffend dem Verzehr von rohem Fleisch, der Händehygiene, und dem Konsum von Leitungswasser als Gesundheitspräventionsfaktor angesehen werden kann.

Reiseapotheke

Um für leichte gesundheitliche Beschwerden auf Reisen gewappnet zu sein, empfiehlt sich eine Reiseapotheke, welche auch die Bedürfnisse der Reisenden und auf das jeweilige Reiseziel abgestimmt ist. Die Medikamente sollen vorab im jeweiligen Heimatland erworben werden, da die Gefahr von Arzneimittelfälschung im Ausland oft extrem hoch ist. Neben Medikamenten für Beschwerden wie Schmerzen, Entzündungen, Sonnenschutz, Verdauungsprobleme und allergische Reaktionen ist auch Material für die Wundversorgung und Mittel gegen Insektenstiche (zur

Vorbeugung von übertragbaren Erkrankungen) ratsam (Bundesministerium für Soziales, Gesundheit, Pflege und Konsumentenschutz, 2021a).

Zu beachten ist, dass man in erster Linie Medikamente auf eine Reise mitnimmt, die man bereits kennt und gut verträgt. Inhaltsstoffe können bei enormer Hitze die Wirkung verlieren, daher ist es ratsam, die Medikamente wenn möglich kühl zu lagern. Ebenso sollen wichtige (Dauer-) Medikamente im Handgepäck transportiert werden, um sicher zu stellen, dass diese nicht verloren gehen (Bundesministerium für Soziales, Gesundheit, Pflege und Konsumentenschutz, 2021a).

Bei prophylaktischen Medikamenten, wie zum Beispiel dem Malariamittel Mefloquin, muss man beachten, dass es relativ häufig psychische Nebenwirkungen in Form von Albträumen, Angstzuständen, Unruhe, etc. verursachen kann. Die Einnahme dieses Medikaments wird aus diesem Grund bei psychischen Erkrankungen nicht empfohlen (Laux, o.J.)

Vor allem Reisende, die regelmäßig Medikament einnehmen, müssen bei Zeitverschiebungen von mehr als zwei Stunden die Medikamenteneinnahme der Tagesverkürzung (bei Reisen Richtung Osten) bzw. bei Tagesverlängerung (bei Reisen Richtung Westen) angepasst werden (Laux, o.J.). Wird dieser Aspekt und die Tatsache, dass man eine ausreichende Menge an Medikament mit auf die Reise nimmt, beachtet, können auslösende Stressoren minimiert werden.

Impfungen

Vor jeder Reise sollte man sich informieren, welche Impfungen in dem zu bereisten Land laut WHO[4] vorgeschrieben (Impfungen, die bei Einreise aufgrund einer epidemischen Situation grundsätzlich oder temporär verlangt werden) oder

---

[4] WHO für Vaccination Certificate Requirements for International Travel (Pschyrembel, 2013, S.1824)

empfohlen werden. Reiseimpfungen sind Schutzimpfungen für Reisende infolge von Aufenthalten in Infektionsgebieten bei erhöhtem Erkrankungsrisiko (Psychrembel, 2013, S. 1824). Zu den Standardimpfungen laut STIKO[5] zählen Impfungen gegen: Tetanus, Diphtherie, Pertussis, Poliomyelitis, Hepatitis B, Masern, Mumps, Röteln und Varizellen. Indikationsimpfungen sind solche, die vor Antritt einer Reise gegeben werden. Zu den typischen Schutzimpfungen zählen: Cholera, Gelbfieber, Infektionen durch Haemophilus influenzae Typ B, Hepatitis A, Infektionen durch humane Papillomaviren, Influenza, Infektion durch Neisseria Meningitis, Infektionen durch Streptococcus pneumoniae, Tollwut und Typhus abdominalis (Pschyrembel, 2013, S. 1930).

Auskunft darüber, welche Reiseimpfung man für welches zu bereisende Land benötigt, können Tropeninstitute geben. Da Reiseimpfungen oft kostspielig und nicht in jeder Apotheke erhältlich sind, ist es ratsam, sich vorab Gedanken zu machen, welche Länder man bereisen möchte. Weil Impfungen oft aus mehreren Teilimpfungen bestehen, ist es als Rucksacktourist außerdem sinnvoll, sich rechtzeitig zu informieren, um sich Stresssituationen bzgl. nicht vorhandener Schutzimpfungen bei Reisebeginn zu ersparen.

Da es sich bei den verwendeten Quellen um aktuelle und, wie im Fall von Pschyrembel, um ein klinisches Wörterbuch mit medizinischem Fachwissen handelt, ist dieser Aspekt plausibel dargestellt.

Unter Einbeziehung der SAGA International Encyclopedia of Travel and Tourism von Linda L. Lowry (2017) und nach Anbetracht der Tatsache, dass Rucksacktouristen als Individualreisende weiteren Stressoren vor einer Reise ausgesetzt sein können, ergeben sich noch folgende Faktoren als beachtenswert:

---

[5] STIKO: ist die ständige Impfkommission des Robert Koch Institutes, welche Impfempfehlungen für Deutschland anhand der Kriterien der Evidenz basierten Medizin entwickelt. STIKO Empfehlungen gelten als medizinischer Standard (Robert Koch Institut, 2020).

Reiseentscheidung und Individualität

Heute hat jeder Reisende individuelle Präferenzen und Wünsche, die er oder sie während des Urlaubs erfüllen will. Die Idee der individualistischen Gesellschaft ist, dass jeder Mensch einzigartig und unverkennbar sein will. Um dies zu erreichen, muss der- oder diejenige sich weiter differenzieren, bis er oder sie ein Individuum wird. Möglich wird dieser Prozess durch unterschiedliche neue Produkte, neue Ideen etc. In Bezug auf das Reisen will der individuell Reisende möglichst viele neue Aktivitäten (unterschiedliche Sporraktivitäten, Exkursionen, Wellness, Bildung...), welche er oder sie im täglichen Leben nicht erleben kann, sowie spezielle Angebote ausprobieren. Es ist eine Suche nach neuen Ideen und neuen Möglichkeiten, um individueller zu werden (Helbing, 2011, S.166-167). Helbing zufolge ist ein Reisender also getrieben von seinem „Inneren". Inwiefern Reisende von heute von der Medienwirksamkeit und der Selbstdarstellung auf diversen Plattformen (Instagram, Facebook etc.) getrieben sind, geht hierbei nicht hervor.

Der Entscheidungsprozess von Touristen kann vereinfacht in zwei Entscheidungsprozess-Forschungen gegliedert werden. Zum einen in die verhaltensorientierte Entscheidungsprozess-Forschung, welche auf die Entstehung der Entscheidung und die dabei zum Tragen kommenden Wahrnehmungs- und Beurteilungsprozesse konzentriert ist. Zum anderen in die klassische Entscheidungsprozess-Forschung, welche die Reiseentscheidung in verschiedene Teilentscheidungen aufgliedert. Entscheidungsmodelle werden meist auf dem Grundmodell aufgebaut, welches folgende Elemente beinhaltet: Stimuli (erzeugt z.B. durch eine Werbung) lösen Objektvariablen (wie z.B. Bewertungsprozesse) und gewisse Reaktionen (z.B. Kauf) aus (Bieger, 2006, S. 101).

Zieht man die Studie von Dellaert, Ettema und Lindh in Betracht, so geht hervor, dass die Wahl der unterschiedlichen Faktoren einer Reise (z.B. das Reiseziel, die Unterkunft, die Reisedauer, etc.) als Reiseentscheidungsprozess angesehen werden kann (1998, S.318).

Daraus ist zu schließen, dass Touristen vor ihrer Entscheidung durch mehrere Faktoren beeinflusst sind. Eine reisende Person wird stets abwiegen, worin ihre Interessen bestehen und demnach ihre Entscheidungen treffen. Vor allem auf individualreisende Rucksacktouristen kann diese Entscheidungsfindung stressend wirken, da diese jeden einzelnen Beschluss selbst treffen und sich dezidiert gegen ein Gesamtpaket stellen.

Versicherungen

Eine Reise-Versicherungen schützt den Versicherten im Falle einer unvorhergesehenen Situation, die sich negativ auf die Reisepläne des Versicherten auswirken. Typisch Reiseversicherungen decken finanzielle Verluste mit dem Einhergehen von verpassten, gestrichenen oder unterbrochenen im Voraus bezahlten Reisen; Verlorenes, abhanden gekommenes oder gestohlenes Gepäck und persönliche Gegenstände sowie medizinische Leistungen in einem fremden Land. Ebenso sind Krankheiten, die vor oder während einer geplanten Reise auftreten und zu einem Nicht-Antritt oder nicht Fortführen der Reise führen, beinhaltet. Ob ein Reisender eine Reiseversicherung benötigt, obliegt vollkommen in ihrem oder seinem Interesse (Nusbaum, 2017, S. 1320-1321). Anzumerken ist jedoch, dass es eine Vielzahl an Reiseversicherungs-Anbietern gibt. Die Kosten und auch die Versicherungsleistungen hierbei variieren von Anbieter zu Anbieter. Eine diesbezügliche Vorinformation kann möglichen Stressoren vorzeitig entgegen wirken.

Bekleidung

Mit der richtigen Kleidungswahl im Vorfeld der Reise können ebenso mögliche Gefahren und somit Stressoren ausgeschlossen werden. Es besteht die Möglichkeit, sich versteckte Sicherheits-Taschen zu besorgen. In solchen können wichtige

Gegenstände wie Reisepass, Bargeld oder Kreditkarten verstaut werden. Diese kann man unter der Kleidung tragen, um besser vor Taschendieben geschützt zu sein. Ebenso gibt es sogenannte Reisegürtel oder auch Reise-Büstenhalter, in welchen man Bargeld verstecken kann, ohne zusätzlich ein Gepäckstück mit sich tragen zu müssen (Mazar, 2017, S.1313-1314).

Um als Rucksacktourist in einem fernen Land durch unangepasste Bekleidung nicht aufzufallen, und dadurch zusätzlichen Stressoren ausgesetzt zu sein, sind folgende Grundregeln zu beachten (dies gilt vor allem in außerwestlichen Kulturen).

- Knie und Schultern sollen bedeckt sein
- Frauen sollen einen Büstenhalter tragen
- Keine tiefen Ausschnitte sowie transparente Materialien
- Kein nackter Oberkörper für Männer (außer direkt am Strand)

Diese Grundregeln müssen an das jeweils bereiste Land adaptiert werden. Vor allem in islamischen Ländern ist eine dezente, den lokalen Kulturen angepasste Kleidung zu empfehlen (Österreichische Entwicklungszusammenarbeit & Respect, o.J., S.4-6). Daraus lässt sich schlussfolgern, dass man sich vorweg schon Informationen bezüglich der angemessenen Bekleidung einholen soll.

Mit diesen Aufzählungen konnten somit typische Stressoren von Rucksacktouristen vor Beginn einer Reise erläutert werden. Als Stressor während der Reise kann jedoch auch die Kultur in einem fremden Land angesehen werden. Dieses Thema wird im nachfolgenden Abschnitt bearbeitet.

2.2.2.2 Faktoren in fremden Kulturen

Unterschiedliche Moralvorstellungen von Reisenden und den Bewohnerinnen und Bewohnern von touristischen Reisegebieten können Probleme auslösen. Das stark gelockerte und genussorientierte Verhalten von Reisenden (welches oft Konsumation, Entspannung und Leben ohne Zwängen beinhaltet) auf der einen Seite und die oft in Ländern tief verwurzelten religiösen sowie sittlichen Moralvorstellungen auf der anderen Seite können zu Konfrontationen führen. Vor allem das freizügige Urlaubsverhalten (leichte Bekleidung, wenig religiöses Bewusstsein, gelockerte Sitten zwischen den Geschlechtern und auch Alkohol- bzw. Drogenkonsum) kann das Moralgefühl der Gastgeber verletzten (Freyer, 2006, S.487). Daraus folgend kann es zu stressverursachenden Situationen kommen. Von diesen Situationen können nicht nur Reisende, sondern auch die vor Ort lebenden Personen betroffen sein. Die kann zu einem gegenseitig abwehrenden bzw. missverstehenden Verhalten führen.

Unterwartete und unverständliche Situationen können Menschen irritieren. Fremde Sitten, Armut oder auch Traditionen, die einem als ungewöhnlich erscheinen, können hierbei als Stressoren gelten (Liligo, 2014). Vor allem als Rucksacktourist ist es daher sinnvoll, dass man sich an die Sitten des bereisten Landes anpasst, um unangenehme Situation (Stressoren) z.B. in einem öffentlichen Bus durch unangenehme Blicke, ersparen zu können. Dies wiederum kann ebenfalls als Stress angesehen werden, da man gegen seine gewohnten Verhaltensmuster agiert. Diese neuen Verhaltensmuster können Unbehagen verursachen. Darauf wird näher im nachfolgenden Teil eingegangen.

Kulturschock

Durch die Transferierung bestimmter Eigenschaften zwischen zwei unterschiedlichen Kulturen kann es zu einem sogenannten Kulturschock kommen (Peraica, 2017, S.330). Ein Kulturschock beschreibt die Erfahrung einer unangenehmen Überraschung oder eines Schocks im Zusammentreffen mit einer neuen Kultur. Dies kann z.B. durch teilweise unerwartete Begebenheiten in der Begegnung mit Neuem ausgelöst werden und kann zu einer negativen Bewertung der eigenen Kultur führen. Es erleiden nicht alle Reisenden einen Kulturschock (Stewart & Leggat, 1998, S.84). Oberg (zit. nach Stewart &Leggat, 1998, S.85) beschreibt bereits 1960 folgende

Symptome bei Kulturschock: Übermäßiges Händewaschen, übermäßige Sorge um Trinkwasser und/oder Essen; Angst vor Betten und Bettzeug, Angst vor körperlichem Kontakt mit Begleitern, geistesabwesender, weit entfernter Blick, Gefühle der Hilflosigkeit, übermäßige Angst, betrogen, ausgeraubt oder verletzt zu werden, Heimweh nach vertrauten Menschen und Orte, etc. Die Schwere der Reaktion auf die fremde Kultur hängt von vielen Faktoren ab, darunter dem Grad der Kontrolle, intrapersonalen Faktoren, organisch-biologischen Faktoren, zwischenmenschlichen Faktoren, räumlich-zeitlichen Faktoren und geopolitischen Faktoren (Furnham, zit. nach Stewart & Leggat, 1998, S. 85).

Um einem Kulturschock entgegen wirken zu können, ist es ratsam, folgende Tipps von Liligo (2014) zu beherzigen:

- Vorabinformation über kulturelle Unterschiede im Reiseland
- Offenheit dem Fremden gegenüber
- Respektvoller Umgang mit Einheimischen
- Das Erlernen der Fremdsprache
- Vergleiche mit dem „zu Hause“ vermeiden

Die gefundene Literatur von Peraica (2017), sowie die Literatur von Stewart & Leggat (1998) beziehen denselben Autor (Oberg) mit ein. Da weder in der Literatur von Peraica noch in der Literatur von Stewart & Leggat Widersprüche auffindbar sind, kann davon ausgegangen werden, dass es sich in Bezug auf fremde Kulturen um keine unbewiesenen Behauptungen handelt. Bei Liligo handelt es sich um ein Online-Reisemagazin von Reisenden für Reisende. Es ist nicht erkennbar, ob es sich hierbei um subjektive Einschätzungen oder fundiertes Wissen handelt, jedoch klingen die aufgezählten Tipps plausibel. Vor allem im Kontext bezogen auf diese Bachelorarbeit spiegeln die Tipps wider, dass Vorabinformationen sich als sinnvoll erweisen, um möglichen Stressoren frühzeitig aus dem Weg zu gehen.

Um unterschiedlichen Fortbewegungsmethoden und die damit zusammenhängenden möglichen Stressoren der Rucksacktouristen zu erläutern, werden im Folgenden die Vorteile der Verkehrsmittel Bus, Zug und Flugzeug herausgearbeitet.

2.2.2.3 Faktoren der Verkehrsmittel Bus, Zug, Flugzeug

Im Jahr 2019 wurden 7,1 % der Urlaubsreisen der Österreicher ins Ausland mit dem Linienbus bzw. dem Reisebus durchgeführt, knapp gefolgt vom Zug mit 8,1%. Das Flugzeug für Reisen ins Ausland von Österreich aus macht einen Prozentanteil von 37,5% aus. Den höchsten Prozentsatz macht dennoch der PKW bei Reisen ins Ausland mit 45,4 % aus (Mohr, 13.1.2021). Weltweit nutzen 58% der Touristen (die ins Ausland reisen) das Flugzeug, um an ihr Reiseziel zu gelangen (Graefe, 15.1.2021).

Die Daten stammen von Statista, einem Online-Portal für Statistiken, welches statistische Daten verschiedener Institutionen laufend aggregiert (WU Vienna, o.J.). Es kann daher davon ausgegangen werden, dass es sich hierbei um regelkonform zustande gekommene Daten handelt.

<u>Zug</u>

Die Rolle von Zügen als reine Fortbewegung von Menschen über räumliche Entfernungen, beziehungsweise ein touristisches Erlebnis für diejenigen, die es als solches wahrnehmen, ist nicht klar definiert. Für mache ist es ein angenehmes Fortbewegungsmittel, für andere ist es ein wesentlicher, unverwechselbarer Bestandteil des Urlaubs (Dickinson & Lumsdon, 2010, S. 105). Ein solch spezielles Erlebnis kann das Reisen mit der Transsibirischen Eisenbahn darstellen, oder auch eine Zugfahrt von Kandy nach Ella in Sri Lanka, wie die Autorin dieser Bachelorarbeit aus eigener Erfahrung zu berichten weiß. Als sogenannter „Abenteuerzug" wird lt. Freyer (2006, S. 191) neben der Transsibirischen Eisenbahn auch der Indian Pacific

Express in Australien angesehen, wobei die Fahrtzeit im Vergleich zur Transsibirischen Eisenbahn (14 Tage) mit 2 Tagen und 3 Nächten relativ kurz ist. Angesichts der Entfernungen, die Touristen zurücklegen können, sind Eisenbahnen eine entspannendere und sicherere Option als das Vorankommen auf der Straße (sowohl mit dem Auto oder auch mit dem Bus). Zugfahren bietet eine viel größere Gelegenheit, die Landschaft und die lokalen Völker zu sehen, als auf dem Luftweg (Hood, 2017, S. 1002). Züge haben Vorteile gegenüber dem Fliegen, einschließlich eines leichteren Zugangs zur Innenstadt, komfortablerer und flexiblerer Sitzgelegenheiten, günstigerer Ticketpreise und der Möglichkeit, auf Reisen nach draußen zu sehen (Özbay, 2017, S.1008).

Günstige Ticketpreise für Zugfahrten sind nicht zwingend gegeben. So weiß die Autorin dieser Bachelorarbeit aus eigener Erfahrung, dass das z.B. Reisen mit einem Hochgeschwindigkeitszug „Shinkansen" in Japan, im Vergleich zu einer Busfahrt, um einiges teurer ist. Hier geht es jedoch auch um das Erlebnis mit einem schnellen, modernen Zug zu fahren. Bezüglich der Kosten gibt es beispielsweise auch zeitliche Unterschiede, wenn man mit der Transsibirischen Eisenbahn unterwegs ist. So ist ein Ticket in der Hauptreisezeit teurer als in der Nebensaison.

Die landschaftlichen Faktoren nehmen bei einer Fahrt mit dem Shinkansen bei Reisenden vermutlich nicht die Vorreiterrolle ein. Hingegen haben Reisende, die wie im Fall der Transsibirischen Eisenbahn eine Reisedauer von 14 Tagen einplanen, genügend Zeit, um die Landschaft wahrzunehmen.

Als möglicher Stressor beim Zugfahren ist zusätzlich zu erwähnen, dass Umsteigen meist einiges an Zeit in Anspruch nimmt. Vor allem, wenn man nicht weiß, an welchem Gleis der nächste Zug losfährt. Somit ist es ratsam, sich genügend Zeit einzuplanen, um in der Eile nicht auch noch ein Gepäckstück zu vergessen (Schneider, 2019).

Bus

Busse sind in allen touristischen Destinationen auffindbar. Sie werden als Teil der touristischen Infrastruktur gesehen, da sie planmäßige Dienste, private Services, Transporte und Ausflüge anbieten und ermöglichen können (Fallon, 2017, S. 185).

Obwohl der öffentliche Busverkehr hauptsächlich für Einheimische angeboten wird (bzgl. Park-öglichkeiten in der Stadt und dem Management von städtischem Verkehr), sind solche Services eine Attraktion für Besucher, die das Leben innerhalb des Reiseziels erleben möchten (Fallon, 2017, S.185). Busreisen bieten die Möglichkeit, sich mit anderen zu sozialisieren (Dickinson & Lumsdon, 2010, S.148).Sie sind vor allem für viele junge Personen attraktiv, da Linien-Busse einen günstigen (im Vergleich zu anderen Formen des Transportes) Service anbieten (Fallon, 2017, S.186). Diese Angebote sind vor allem für Rucksacktouristen attraktiv, da sie diese unabhängig benutzen können und nicht immer eine Voraus-Buchung nötig ist. Vor allem, wenn Rucksacktouristen mit öffentlichen Verkehrsmitteln fahren, erleben sie das Leben der Einheimischen hautnah mit. Da sie unter Umständen auch in weniger touristische Gebiete eindringen, können sie mit Leuten vor Ort in Kontakt treten (und nicht nur durch den Erwerb von Tickets bei dem Busfahrer). Suchen somit Rucksacktouristen den Kontakt mit Einheimischen, ist es ratsam, sich auch wie ein solcher fortzubewegen.

Laut Dickinson & Lumsdon (2010, S.147) haben Fernbusse und Reisebusse ein beträchtliches Potenzial für die Entwicklung von nachhaltiger Tourismus-Mobilität in Form von offenen Bussen und Linienbussen. Von einem Ausbau profitieren demnach nicht nur die Einheimischen und Rucksacktouristen, sondern auch die Natur. Ein weiterer Vorteil von Bussen im Vergleich zu Zügen ist die Infrastruktur. Bei Zügen muss vor der Eröffnung neuer Strecken auf die jeweilige Infrastruktur eingegangen werden, welches eine zeitliche lange Vorausplanung und einen langen Bau beinhaltet (Sommer, 2017, S. 190).

Mit dem Verweis auf weiterführende Quellen, sowohl bei Sommer (2017) als auch bei Fallon (2017), und der Tatsache, dass diese gemeinsam in der „SAGE International Encyclopedia" erscheinen, ist die Annahmen, dass es sich hierbei um eine herrschende Meinung handelt, gegeben. Ebenso sind Sommer Guido (Tourismus-Management Fakultät in Kempten) als auch Fallon Julia (Cardiff Metropolitan University) als aktive Vortragende im Bereich Tourismus an anerkannten Universitäten tätig.

Flugzeug

Flugreisen und globaler Tourismus sind eng miteinander verbunden: Wirtschaftliche Maßnahmen, Zyklen und Schwankungen in einer Branche beeinflussen auch die andere (Gunesch, 2017, S.40).[6]

Die Entwicklung des Luftverkehrs hat auf den internationalen Tourismus - vor allem für Überseedestinationen - den größten Einfluss. Vor allem sinkende Flugpreise fördern den Trend, Reiseiziele, welche auch mit anderen Verkehrsmitteln (u.a. Zug) erreichbar wären, anzufliegen (Freyer, 2006, S.175-176). Der WTO[7] und der SITA[8] zufolge finden die meisten Internationalen Reisen sowie Freizeitreisen in der Luft statt (Gunesch, 2017, S.40). Zu Beginn des 21. Jahrhunderts waren jedoch kurzfristig negative Auswirkungen, vor allem aus Angst vor terroristischen Anschlägen, zu vernehmen (Freyer, 2006, S.175-176)[9]. Während sich Urlauber früher für einen Sommermonat und einen halben Wintermonat entschieden haben, wählen sie jetzt zunehmend kürzere, aber häufigere Pausen, weil ihre Arbeit keine längeren Abwesenheiten zulässt. Auch karriereorientierte, wohlhabende und kinderlose

---

[6] Dies ist vor allem anhand der Covid-19 Pandemie erkennbar (Anm. der Autorin)

[7] World Trade Organisation

[8] Société Internationale de Télécommunications Aéronautiques, auch International Society of Aeronautical Communications genannt

[9] Auf Reiseeinbrüchen, aufgrund der Covid-19 Pandemie, wird in dieser Bachelorarbeit nicht eingegangen.

Singles oder Paare finden kürzere, häufige Reisen geeignet, genau wie Studenten oder Pensionisten (Genusch, 2017, S. 41). Dem gegenübergestellt seien „Study Backpacker“ zu erwähnen, die ihre ausgedehnten Ferien Semesterferien und Sommerferien nutzen und hierfür in wärmere, preiswerte Regionen fliegen. Diese sind meist als typische Rucksacktouristen unterwegs, da dies eine einfache Form des Reisens ermöglicht (Kelly, 2017, S. 115). Je länger die Reise dauert, desto mehr Touristen setzen auf Lufttransporte und Langstreckenreisen. Dies ist praktisch der einzige Reisemodus, da Seereisen fast ausschließlich für Kreuzfahrten und nicht für Transporte verwendet werden. (Genusch, 2017, S.42). Die lange An-reisedauer kann aber auch mit Stress verbunden sein. Erwähnt seinen hierbei: Jetlag, Flugangst und eine erhöhte Thrombosegefahr.

Informationen für dieses Kapitel wurden mehrheitlich von der „SAGE International Enyclopedia of Travel and Tourism“ entnommen. Hierbei handelt es sich um ein 4-bändiges Nachschlagewerk, das von einem Team aus internationalen Wissenschaftlern zusammengestellt wurde. Es umfasst die Reise- und Tourismusbranche und wurde herausgegeben von Linda L. Lowry, Professorin an der University of Massachusetts-Amherst. Da es sich stets um Einzelbeiträge mit weiteren Quellenverweisen handelt, und diese sehr ausführlich diskutiert werden, wird diese Quelle als plausibel beurteilt.

In Bezug auf die unterschiedlichen Verkehrsmittel Bus, Flugzeug und Zug sind noch dazugehörige Reisekrankheiten zu erwähnen. Umgangssprachlich als Reise- oder Bewegungskrankheit bezeichnet, ist die Kinetose eine Sammelbezeichnung für Symptome, die durch wiederholte Stimulation des Vestibularapparats[10] v.a. durch plötzliche und schnelle Bewegungen verursacht wird. Vor allem bei Flug-, See-, Auto aber auch Eisenbahnreisen kann eine Kinetose auftreten. Die Symptome können sich als Übelkeit, Erbrechen, Schwindel, Schweißausbrüche, Blutdruckschwankungen aber auch Kopfschmerzen äußern. Therapeutisch kann eine Flachlagerung mit einer

---

[10] Vestibularapparat: ist das Gleichgewichtsorgan, ein Teil des Innenohrs (Pschyrembel, 2013, S. 2258).

Ruhigstellung des Kopfes zur Besserung und eventuell eine Antiemetika[11] Gabe helfen (Pschyrembel, 2013, S. 1101). Leidet man vermehrt unter der Reisekrankheit, so ist es ratsam, sich im vorherein Medikamente dagegen zu besorgen. Ebenso ist die Wahl des Verkehrsmittels diesbezüglich zu überdenken.

2.3 Diskussion

Im Rahmen dieser Bachelorarbeit wurde festgestellt, dass es eine Vielzahl an möglichen Stressoren gibt, die einen Rucksacktouristen vor einer Reise beeinflussen können (Details hierzu unter Punkt 2.2.2.1 Faktoren vor einer Reise). Inwiefern diese Stressoren auf einen Rucksacktouristen wirken, ist jedoch individuell unterschiedlich. Dass sich beim Individualreisenden nach mehreren so durchgeführten Reisen eine gewisse Routine einstellen wird, kann aus eigener Erfahrung der Autorin bestätigt werden. Die Reisevorbereitung und daher auch die Vorlaufzeit verkürzen sich aufgrund von vorangegangenen Erfahrungen. Ebenso entfallen mögliche Impfungen unter Umständen, wenn diese aufgrund von früheren Reisen bereits vorhanden sind. Auch der Inhalt der Reiseapotheke wird nicht neu zusammengestellt werden müssen, sofern die „Grundmedikamente" noch vorhanden sind.

Die Liste der genannten Stressoren muss keineswegs vollständig sein. Es handelt sich vielmehr um eine Auflistung der gewonnen Erkenntnisse der gefundenen Literatur und der Resultate aus der Studie von Flaherty, Chen & Avalos (2017). Auf die individuellen Bedürfnisse jedes einzelnen Reisenden wurde im Rahmen dieser Bachelorarbeit nicht eingegangen.

So individuell Stressoren auf Personen wirken, so individuell wirkt auch eine fremde Kultur auf Reisende, wie aus dem Kapitel 2.2.2.2 hervor geht. Eine vorherige

---

[11] Antiemetika: ist eine Sammelbezeichnung für Substanzen zur symptomatischen Therapie von Übelkeit und Erbrechen (Pschyrembel, 2013, S. 116).

Auseinandersetzung mit der jeweiligen Kultur scheint deshalb empfehlenswert. Dies gilt vor allem für Rucksacktouristen, die ihre erste Reise anstreben. Eine vorangegangene Auseinandersetzung vor einer erstmaligen Reise in ein Land mit einer neuen Kulturempfiehlt sich insbesondere auch für Personen, die nur ein reduziertes Zeitfenster für eine Reise zur Verfügung haben, speziell dann, wenn es sich um einen Langstreckenflug handelt. Eine Flugreise kann Reisende physisch schnell in eine "neue Welt" befördern, wobei die Psyche oftmals nicht dazu bereit ist. Inwiefern dies auch für Berufsreisende gilt, wurde im Rahmen dieser Arbeit nicht erörtert.

Es kann davon ausgegangen werden, dass Personen mit zunehmender Reiseerfahrung im Laufe der Zeit ein Gefühl dafür entwickeln, was man sich selbst zumuten kann. Mit wachsender Erfahrung steigert sich auch die Fähigkeit, auf Herausforderungen und Veränderungen, vor allem in Bezug auf neue Kulturen, durch Anpassung des eigenen Verhaltens zu reagieren. Somit kann auf besondere Eigenheiten von diversen Kulturen besser eingegangen werden.

Es kann festgehalten werden, dass eine ausreichende Information und Vorbereitung auf eine Reise möglichen Stressoren, die vor allem auch aufgrund von einer neuen Kultur entstehen können, abfedern.

Dass unterschiedliche Fortbewegungsmittel durchaus Vorteile für einen Reisenden mit sich bringen, wird im Punkt 2.2.2.3 zu Faktoren der Verkehrsmittel Bus, Zug und Flugzeug erläutert. So haben Rucksacktouristen die Möglichkeit, Land und Leute durch die Nutzung von öffentlichen Verkehrsmitteln intensiver kennen zu lernen. Es kann davon ausgegangen werden, dass diese Möglichkeit bei gecharterten Bussen und Flugzeugen nicht besteht. Zum einen, da bei organisierten Busreisen meist eine Gruppe verreist, die eine eigenständige Gruppendynamik entwickelt. Zum anderen bekommt man bei Flugzeugen einen fixen Platz zugewiesen, sodass wenig Handlungsspielraum bleibt, um mit anderen Fluggästen in Interaktion zu treten. Dass eine Kontaktaufnahme mit Landsleuten nicht unbedingt in jedem Land einfach ist, sei in den Raum gestellt. Gründe hierfür können Sprachbarrieren und eine der Kultur innewohnende Distanz gegenüber Fremden sein.

Aus Sicht der Autorin ist bei Rucksacktouristen die Reisedauer von großer Bedeutung, da man als Reisender Zeit benötigt, um "anzukommen". Inwiefern eine Reisedauer unter zwei bis drei Wochen sinnvoll ist, wenn man die Kultur, das Land und die Leute als „typischer Rucksacktourist" kennenlernen möchte, ist fraglich. Flugzeuge machen es möglich, dass jegliche Destination innerhalb kürzester Zeit angesteuert werden kann. Es besteht die Möglichkeit, von einem Ort zum nächsten zu flie(h)gen. Ob dieser Umstand dazu beiträgt, dass selbstbetitelte Rucksacktouristen nur als "MotivjägerInnen" in der Welt herumjetten, oder es sich doch um Personen handelt, die um des Entdeckens Willen reisen, sei dahingestellt.

3 Schluss

3.1 Beantwortung der Unterfragen und Forschungsfrage sowie Überprüfung der Thesen

Unterfrage 1: Welchen typischen Stressoren sind Rucksacktouristen vor Beginn einer Reise ausgesetzt?

Antwort: Der Studie von Flaherty, Chen & Avalos (2017) zufolge gibt es diverse Stressoren, die auf einen Rucksacktouristen einwirken. Neben der Sorge um den Zugang zu medizinischer Versorgung im Ausland, sowie der Sorge um die persönliche Sicherheit, wird auch die Sorge vor durch Tiere übertragbare Krankheiten (Insektenstiche, Malaria und Tollwut) genannt. Im Punkt 2.2.2.1 werden diese genau beschrieben.

These 1: Eine inadäquate Vorbereitung wirkt als Stressor auf Rucksacktouristen.

Antwort: These 1 konnte als nicht bestätigt angesehen werden. Da Individualreisende auf sich selbst gestellt sind, hängt es an ihrer eigenen Bereitschaft, sich auf eine Reise vorzubereiten. Dass der Bedarf an Vorinformationen besteht, wird in der Studie von Flaherty, Chen & Avalos (2017) wiedergegeben. Inwiefern eine inadäquate Vorbereitung sich als Stressor auf Rucksacktouristen auswirkt, geht jedoch nicht hervor. Siehe dazu Punkt 2.2.2.1.

Unterfrage 2: Welchen typischen Stressoren sind Rucksacktouristen in einem ihrer Kultur fremden Land ausgesetzt?

Antwort: Fremde Sitten, Armut oder auch Traditionen, die einem als ungewöhnlich erscheinen, können als Stressoren auf einen Rucksacktouristen einwirken. Details dazu unter Punkt 2.2.2.2.

These 2: Die Konfrontation und somit das Erfahren einer anderen Kultur wirkt als Stressor auf einen Rucksacktouristen.

Antwort: These Nummer zwei konnte bestätigt werden. Wie aus dem Punkt 2.2.2.2. hervorgeht wirken andere Kulturen auf Menschen ein. Seien es neue Gerüche oder auch neue Verhaltensweisen. Mit dem Grad des Unterschiedes der Kultur des Ziellandes von der eigenen vertrauten Kultur, steigt die Möglichkeit von unerwarteten und unangenehmen Begebenheiten, die Stress auslösen können.

Unterfrage 3: Welche Vorteile ergeben sich bei einer Reise mit den unterschiedlichen Verkehrsmitteln Bus, Zug und Flugzeug für einen Rucksacktouristen in Bezug auf Stress?

Antwort: Insbesondere durch die Nutzung von öffentlichen Verkehrsmitteln besteht die Möglichkeit, mit Bürgern des bereisten Landes in Kontakt zu treten. Sei es durch den Erwerb von Zug- oder Bustickets vor Ort, durch das Erfragen von Wegbeschreibungen, etc. Das Land und die Landschaften können so ebenfalls erlebt werden. Der Vorteil von Flugreisen ist die oftmals kurze Reisedauer. Ebenso ist der Preis meist erschwinglich, da es viele Billiganbieter gibt. Details dazu unter Punkt 2.2.2.3.

These 3: Wenn sich Rucksacktouristen entscheiden eine Reise mit Bus und Zug durchzuführen, dann kommen sie mit Land und Leuten in Berührung.

Antwort: Diese These ist korrekt. Jedoch ist es von jedem Reisenden individuell abhängig, inwiefern er oder sie sich mit Land und Leuten auseinandersetzen möchte. Siehe dazu Punkt 2.2.2.3.

Hauptfrage: Welche Methoden sind für Rucksacktouristen hilfreich, um deren reisetypischen Stressoren bestmöglich zu kompensieren?

Antwort: Wie aus der Studie von Flaherty, Chen & Avalos (2017) hervorgeht, haben Fragen bezüglich medizinischer Versorgung und der persönlichen Sicherheit bei Reisenden eine bedeutungsvolle Rolle. Um diese abklären zu können ist es hilfreich, eine ausreichende Vorbereitungszeit einzuplanen. Diese Vorbereitungszeit kann zum einen Stressoren vorbeugen und zum anderen mögliche Gefahren, zum Beispiel durch Infektionen aufgrund von Insektenstichen, minimieren. Als Individualreisender ist man auf sich alleine gestellt. Durch die vorangegangene Auseinandersetzung mit Reiseberichten und Reiseführern können mögliche falsche Erwartungen korrigiert werden. Ebenso besteht dadurch die Möglichkeit, Wissenslücken bezüglich der im Reiseland zu erwartenden Kultur zu schließen um somit mögliche Schock-Reaktionen darauf zu minimieren. Durch das Einlesen in eine fremde Kultur können somit Lücken kompensiert werden, dennoch ist es entscheidend, wie man mit den (Wissens)Lücken umgeht.

Die Wahl des Reisemittels hängt zum einen vom Faktor Zeit, und zum andern vom Faktor der Bereitschaft, mit anderen Menschen in Kontakt zu treten, ab. Ebenso sind die Faktoren Geld und Komfort zu erwähnen. Um Kultur und Leute bestmöglich erleben zu können ist es sinnvoll, öffentlich Verkehrsmittel zu nutzen, da diese die Möglichkeit bieten, in Interaktion mit fremden Personen zu treten. Eine Aufzählung diverser Hinweise gibt es unter Punkt 2.2.2.

Hauptthese: Adäquate Vorinformationen und eine ausreichende Vorbereitung reduzieren reisetypische Stressoren und geben das Gefühl von Sicherheit.

Antwort: Eine Auseinandersetzung mit dem zu bereisenden Land hinsichtlich medizinischer Versorgung und persönlicher Sicherheit ist unabdingbar, um reisetypischen Stressoren entgegen wirken zu können. In diesem Aspekt konnte die Hauptthese verifiziert werden, siehe dazu Punkt 2.2.2.1. Inwiefern diese Vorinformationen das Gefühl von Sicherheit vermitteln ist jedoch individuell von

Reisenden zu Reisenden unterschiedlich, somit bleibt dieser Teil der Hauptthese offen.

3.2 Praktische Empfehlungen

Für Rucksacktouristen sind diverse Blogs von Vielreisenden in Bezug auf Vorinformationen hilfreich, da sie einen ersten Eindruck von individuell gestalteten Reisen vermitteln können. Sie bieten unter anderem Hinweise über Reiseziele, die für Rucksacktouristen geeignet sind. Reisepacklisten, welche man unter anderem auf https://www.packlisten.org/ findet, bieten die Sicherheit, bei der Vorbereitung einer Reise nichts zu vergessen. Informationen über etwaige Impfungen für eine Reise können im Internet unter https://tropeninstitut.at/ abgerufen werden.

Wenn man sich als Individualreisender in der Vorbereitungsphase hinsichtlich medizinischer Belange jedoch überfordert fühlt, ist es sinnvoll, einen Reisemediziner aufzusuchen. Dieser kann unter anderem nicht nur gesundheitliche Fragestellungen abklären, sondern auch Tipps für eine optimal ausgestattete Reiseapotheke geben.

Sind Reisende vor ihrer ersten Reise im Entscheidungsprozess, welches Reiseziel sie vor allem im Hinblick auf die eigene Sicherheit anstreben möchten, ist es möglich, sich mit der Internetseite des Bundesministeriums zu befassen. Diese bietet jederzeit die Möglichkeit, aktuelle Informationen bezüglich Reisewarnungen unter https://www.bmeia.gv.at/reise-aufenthalt/reiseinformation/ abzurufen. Um auch im Fall von Änderungen der Gefahrenlage im jeweiligen Land seitens des Bundesministeriums kontaktiert werden zu können, ist eine kostenfreie Reiseregistrierung unter https://ias.bmeia.gv.at/reiseregistrierung/ möglich. Durch diese Registrierung und aufgrund von Informationen über die Sicherheitsbestimmungen bietet sich die Möglichkeit, dass die Reiseroute individuell angepasst und gegebenenfalls abgeändert werden kann.

3.3 Offene Forschungsfragen

Die Hauptfrage dieser Bachelorarbeit konnte anhand der Literaturrecherche ausreichend geklärt werden. Da der Themenschwerpunkt jedoch auf Stressoren von Rucksacktouristen im Allgemeinen gelegt wurde, wurde auf eine Unterscheidung von „Erstreisenden" und „Vielreisenden" verzichtet. Eine weiterführende Forschung und Spezifizierung in diesem Bereich kann daher angedacht werden.

Unter der Annahme, dass Alleinreisende anderen Stressoren ausgesetzt sind als Personengruppen (Buchung eines Zimmers, Kosten, Unterhaltungsfaktor, Abstimmung untereinander, etc.) wäre eine genaue Untersuchung dieses Faktors empfehlenswert. Eine Kategorisierung dieser beiden Gruppen könnte Inhalt einer weiteren Forschungsarbeit sein.

Ein Jetlag oder auch die Herausforderung, sich neuen klimatischen Gegebenheiten anpassen zu müssen, kann sich bei Flugreisen ergeben. Ob hingegen eine langsame Reise- beziehungsweise Fortbewegungsmethode (Fahrrad, zu Fuß, Bus oder Zug) einen positiven Einfluss auf den Körper und die Psyche hat, wäre ein weiterführender Forschungsaspekt.

Eine weitere offene Forschungsfrage ergibt sich in Bezug auf Nachteile beim Reisen mit den Verkehrsmitteln Bus, Zug und Flugzeug. Als Beispiele seien hierbei die Umweltbelastungen, Gedränge, lange Reisedauer und Angst vor Diebstahl in öffentlichen Verkehrsmitteln genannt. Auch, dass die erhöhte Reisezeit durch öffentliche Verkehrsmittel im Vergleich zu einem Flugzeug als negativ betrachtet werden kann, könnte hierbei als weitere Forschungsfrage aufgegriffen werden.

3.4 Methodenkritik

Die Literaturrecherche dieser Bachelorarbeit war im Hinblick auf die Ergebnisse zielführend. Die herangezogenen Studien und Literatur waren ausführlich und konnten auf das Thema angewendet werden. Da es im Zuge der Thematik keine klaren Richtlinien und Standards in Bezug auf die Vorbereitung und die Reduzierung von Stressoren bei Rucksacktouristen gibt, kann jedoch nicht ausgeschlossen werden, dass Rucksacktouristen noch weiteren Stressoren ausgesetzt sind. Eine ergänzende empirische Studie wäre dahingehend zielführend gewesen, vor allem da man dadurch individuelle Stressoren zusätzlich aufzählen hätte können. Ebenso hätte man bei einer empirischen Studie die aktuellen Geschehnisse im Bezug auf die Covid-19 Pandemie mit einbeziehen können.

In dieser Arbeit wurde auf die individuellen Bedürfnisse der jeweiligen Reisenden nicht eingegangen (Erstreisende vs. Vielreisende; Alleinreisende vs. Gruppenreisende), da es den Rahmen der Bachelorarbeit sprengen würde. Dies ist kritisch zu betrachten, weil die Gründe der Reisenden und auch die Wahl der Reiseorte individuell verschieden sein können. Dies kann zu weiteren Stressoren führen. Beispiel hierfür: Man ist von Freunden zu einer Hochzeit in Mali eingeladen und geht der Einladung nach, obwohl man kein Interesse an dem Land hat. Die Tatsache allerdings, dass man genügend Zeit mitbringt kann dazu führen, dass man sich vor Ort als Rucksacktourist wiederfindet.

Die Plausibilität dieser Arbeit stützt sich vor allem auf die verwendete Studie von Flaherty, Chen & Avalos (2017). Diese beleuchtet mögliche Stressoren vor einer Reise mittels bereits genannter Daten. Die Tatsache, dass hinsichtlich dieses Punktes keine weiteren Studien miteinbezogen wurde, kann als Verzerrungsfaktor angesehen werden. Es muss ebenso kritisch angesehen werden, dass nur freizugängliche Volltexte sowie Literatur in deutscher und englischer Sprache verwendet wurden.

In Bezug auf die Verallgemeinerungsfähigkeit der Ergebnisse kann festgestellt werden, dass sich die im Hauptteil genannten Strategien zur Bewältigung von reisetypischen Stressoren als nützlich erweisen. Die Autorin dieser Bachelorarbeit kann aufgrund ihrer Reiseerfahrung und auch nach dem Austausch mit

“Weltenbummlern“ festhalten, dass sich eine ausreichende Vorbereitungszeit als nützlich erweist, da man dadurch subjektive Stressoren minimieren kann.

Als Bias dieser Arbeit kann der persönliche Bezug zu dem Thema angesehen werden. Die Autorin selbst hat vor ihren Rucksackreisen nie eine Pauschalreise unternommen. Somit kann es zu einer Verzerrung der Wahrnehmung durch “logische Voraussetzung“ kommen. .

4 Literaturverzeichnis

Alberer, M. & Nothdurft, H. (2012). *Häufige Erkrankungen bei Tropenrückkehrern – Reiseberatung vor Fernreisen.* Download von https://www.thieme-connect.com/products/ejournals/abstract/10.1055/s-0032-1327456

Adensberger, L. (2020). *Eustress und Distress- positiver und negativer Stress.* Download von https://www.medmix.at/eustress-und-distress/?cn-reloaded=1v

Berger-Grabner, D. (2016). *Wissenschaftliches Arbeiten in den Wirtschafts- und Sozialwissenschaften. Hilfreiche Tipps und praktische Beispiele.* (3. Aufl.). Wiesbaden: Springer.

Bergquist, B. (2017). Travel Advisories. In L. Lowry (Hg.), *The SAGE International Encyclopedia of Travel and Tourism (Volume 4).* (S.1297-1298).

Bieger, T. (2006). *Tourismuslehre- Ein Grundriss.* (2. Auflage). Bern: Haupt Verlag.

Bundesministerium für Europäische und internationale Angelegenheiten (2021). *Auslandsservice*. Download von https://www.bmeia.gv.at/reise-aufenthalt/auslandsservice/

Bundesministerium für Soziales, Gesundheit, Pflege und Konsumentenschutz (2021a). *Checkliste Reiseapotheke.* Download von https://www.gesundheit.gv.at/leben/gesundheitsvorsorge/reisemedizin/reisen/reiseapotheke-checkliste

Bundesministerium für Soziales, Gesundheit, Pflege und Konsumentenschutz (2021b). *Vor Antritt der Reise*. Download von https://www.gesundheit.gv.at/leben/gesundheitsvorsorge/reisemedizin/reisen/reiseplanung

Conrady, R. & Muck, M. (Hg.). (2011). *Trends and Issues in Global Tourism 2011.* Berlin: Springer-Verlag.

Dellaert, B., Ettema, D. & Lindh, Chr. (1998). Multi-faceted tourist travel decisions: a constraint-based conceptual framework to describe toursits' sequential choices of travel components. *Tourism Management, 19*(4), 318. doi: 10.1016/S0261-5177(98)00037-5

Dickinson, J. & Lumsdon, L. (2010). *Slow Travel and Tourism.* London: Earthscan.

Dudenredaktion (Hrsg.). (2020). In Duden. Die deutsche Rechtschreibung. Das umfassende Standardwerk auf der Grundlage der amtlichen Regeln (28., völlig neu bearbeitete und erweiterte Auflage). Berlin: Dudenverlag.

Eldracher, B. (2021). *Reisevorbereitung: Endlich verreisen- aber sicher!* Download von https://matsch-und-piste.de/reisevorbereitung-endlich-verreisen-aber-sicher/

Fallon, J. (2017). Bus and Coach Operators. In L. Lowry, (Hg.), *The SAGE International Encyclopedia of Travel and Tourism (Volume 1).* (S.185-187).

Flaherty, G., Chen, B. & Avalos, G. (2017). Individual traveller health priorities and the pre-travel health consultation. *Journal of Travel Medicine, 24* (6), S.1-4. Doi: 10.1093/jtm/tax059

Freyer, W. (2006). *Tourismus. Einführung in die Fremdenverkehrsökonomie.* (8., überarbeitete und aktualisierte Auflage). München: Oldenbourg Verlag.

Freyer, W. (2015). *Tourismus. Einführung in die Fremdenverkehrsökonomie.* Download von https://www.degruyter.com/document/doi/10.1515/9783486857542/html

Graefe, L. (15.1.2021). *Verteilung der Verkehrswege im internationalen Tourismus von 2008 bis 2018.* Download von https://de.statista.com/statistik/daten/studie/193665/umfrage/genutzte-verkehrsmittel-im-internationalen-tourismus/

Gunesch, K. (2017). Airline Travel. In L. Lowry, (Hg.), *The SAGE International Encyclopedia of Travel and Tourism (Volume 1).* (S.40-45).

Helbing, T. (2011). The Individualization of Travel- Customer Management via Website, Mobile and Social Media. In R. Conrady & M. Buck (Hg.) *Trends and Issues in Global Tourism 2011.* (S. 165-172).

Hood, Ch. (2017). Rail Travel, Asia & Pacific. In L. Lowry (Hg.), *The SAGE International Encyclopedia of Travel and Tourism (Volume 3).* (S.998-1003).

Jamal, T. & Robinson, M. (Hg.). (2009). *The SAGE Handbook of Tourism Studies.* London: SAGE Publications Ltd.

Karmasin, M. & Ribing, R. (2017). *Die Gestaltung wissenschaftlicher Arbeiten.* (9. Auflage). Wien: Facultas Verlag.

Kelly, C. (2017). Backpacker Tourism. In L. Lowry, (Hg.), *The SAGE International Encyclopedia of Travel and Tourism (Volume 1).* (S.113-116).

Kleibel, V. & Mayer, H. (2005). *Literaturrecherche für Gesundheitsberufe*. Wien: Facultas Verlags- und Buchhandels AG.

Klewer, J. (2016). *Projekt-, Bachelor- und Masterarbeiten. Von der Themenfindung bis zur Fertigstellung.* Heidelberg: Springer. Download von https://link.springer.com/book/10.1007%2F978-3-662-49801-9

Laux, G. (o.J.). *Psychische Störungen auf Reisen und bei Auslandsaufenthalten.* Download von https://www.springermedizin.de/emedpedia/psychiatrie-psychosomatik-psychotherapie/psychische-stoerungen-auf-reisen-und-bei-auslandsaufenthalten?epediaDoi=10.1007%2F978-3-642-45028-0_93

Le Bigot, B. (2016). *Die Weltreise der backpackers, eine normalisierte Reise?* Download von https://journals.openedition.org/viatourism/333

Liebenberger, G. (2009). *Reise-Start: Wer oder was ist ein Backpacker?* Download von https://www.andersreisen.net/reise-start-wer-oder-was-ist-ein-backpacker/

Liligo. (2014). *Kulturschock auf Reisen.* Download von https://www.liligo.de/reisemagazin/kulturschock-auf-reisen-14211.html

Lowry, L. (Hg.). (2017). *The SAGE International Encyclopedia of Travel and Tourism.* Volume 1-4. California: SAGE Publications, Inc.

Mazar, I. (2017). Travel Apparel. In L. Lowry (Hg.), *The SAGE International Encyclopedia of Travel and Tourism (Volume 4).* (S.1313-1315).

Mohr, M. (13.1.2021). *Verteilung der verwendeten Verkehrsmittel bei Urlaubsreisen der Österreicher ins In- und Ausland im Jahr 2019.* Download von https://de.statista.com/statistik/daten/studie/295870/umfrage/verkehrsmittel-bei-urlaubsreisen-der-oesterreicher/

Nusbaum, E. (2017). In L. Lowry (Hg.), *The SAGE International Encyclopedia of Travel and Tourism (Volume 4).* (S.1320-1323).

Österreichische Entwicklungszusammenarbeit & Respect (o.J.) Von der Kleidung auf Reisen. Download von https://www.raonline.ch/pages/trav/pdf/respect_Reisen09.pdf

Özbay, C. (2017). Rail Travel, Europe. In L. Lowry (Hg.), *The SAGE International Encyclopedia of Travel and Tourism (Volume 3).* (S.1003-1008).

Page, St. & Ge Y. (2009). Transportation and Tourism: A Symbiotic Relationship? In T. Jamal & M. Robinson (Hg.), *The SAGE Handbook of Tourism Studies.* (S.371-395).

Peraica, A. (2017). Culture Shock. In L. Lowry (Hg.), *The SAGE International Encyclopedia of Travel and Tourism (Volume 1).* (S.330-332).

Peterle, E. (2020). *So verringern Sie den Kulturschock bei Entsendungen ins Ausland.* Download von https://www.expat-news.com/interkulturelle-kompetenzen-ausland/kulturschock-bei-entsendungen-ins-ausland-meistern-42756

Robert Koch Institut. (2020). *Ständige Impfkommission (STIKO).* Download von https://www.rki.de/DE/Content/Kommissionen/STIKO/stiko_node.html

Prince, S. (2017). Cohen's Model of Typologies of tourists. In L. Lowry (Hg.), *The SAGE International Encyclopedia of Travel and Tourism (Volume 1).* (S.280-283).

PRISMA Checklist. (2015). Download von http://www.prisma-statement.org/PRISMAStatement/ Checklist

Pschyrembel. (2013). *Pschyrembel Klinisches Wörterbuch 2014* (265., überarbeitete Auflage). Berlin: Walter de Gruyter GmbH.

Richards, G. & Wilson, J., (2004). *The Global Nomad. Backpacker travel in theory and practice.* Bristol: Channel view Publications.

Schneider, J. (9.8.2019). Planen sie mit der Dummheit der anderen! *Zeit Online.* Download von https://www.zeit.de/entdecken/reisen/2019-07/deutsche-bahn-kinder-bahnfahren-zug-urlaub-reisen

Sommer, G. (2017). Bus travel, Europe. In L. Lowry, (Hg.), *The SAGE International Encyclopedia of Travel and Tourism (Volume 1).* (S.189-192).

Spreitzhofer, G. (2008). Zwischen Khao San und Lonely Planet. Aspekte der postmodernen Backpacking-Identität in Südostasien. *ASEAS – Österreichische Zeitschrift für Südostasienwissenschaften, 1* (2), S. 143-144. Download von https://www.ssoar.info/ssoar/bitstream/handle/document/36267/ssoar-aseas-2008-2-spreitzhofer-Zwischen_Khao_San_und_Lonely.pdf?sequence=1&isAllowed=y&lnkname=ssoar-aseas-2008-2-spreitzhofer-Zwischen_Khao_San_und_Lonely.pdf

Stewart, L. & Leggat P (1998). Culture Shock and Travelers. *Journal of Travel Medicine, 5 (2).* S. 84-88. Download von https://academic.oup.com/jtm/article/5/2/84/1800986

Tarlow, P. (2009). Tourism Safety and Security. In T. Jamal & M. Robinson (Hg.), *The SAGE Handbook of Tourism Studies.* (S.464-480).

Tarlow, P. (2017). Safety Management Systems. In L. Lowry (Hg.), *The SAGE International Encyclopedia of Travel and Tourism (Volume 3).* (S.1059-1061).

Uriely, N. (2009). Deconstructing tourist typologies: the case of backpacking. *International Journal of Culture, Tourism and Hospitality Research, 3* (2), 306-312. doi: 10.1108/17506180910994523

Vilkman, K., Pakkanen, S., Lääveri, T., Siikamäki, H. & Kantele, A. (2016). Travelers' health problems and behavior: prospective study with post-travel follow-up. *BMC Infectious Diseases 16* (328), 1-14. doi: 10.1186/s12879-016-1682-0

WU Vienna. (o.J.). *Statista.* Download von https://www.wu.ac.at/bibliothek/recherche/datenbanken/info/statista

Zhang, Y., Ramsey, J. & Lorenz, M. (2020). *A conservation of resources schema for exploring the influential forces for air-travel stress.* Download von https://www.ncbi.nlm.nih.gov/pmc/articles/PMC7563919/

Kolibri 360 GmbH
Ferdinand-Jühlke-Straße 7
99095 Erfurt, Deutschland
produktsicherheit@kolibri360.de

Druck:
CPI Druckdienstleistungen GmbH
im Auftrag der
Kolibri 360 GmbH
Ferdinand-Jühlke-Str. 7
99095 Erfurt